Kombi Sethi Misiko

Ce qu'est le scoutisme, selon Mungwalo Mutangi Moise

Kombi Sethi Misiko

Ce qu'est le scoutisme, selon Mungwalo Mutangi Moise

Manuel de formation et d'information

Éditions Croix du Salut

Cover image: www.ingimage.com

Publisher:
Éditions Croix du Salut
is a trademark of
Dodo Books Indian Ocean Ltd., member of the OmniScriptum S.R.L Publishing group
str. A.Russo 15, of. 61, Chisinau-2068, Republic of Moldova Europe
Printed at: see last page
ISBN: 978-620-3-84183-1

I. INTRODUCTION

Dans ce manuel, nous voulons présenter le scoutisme tel que enseigné par le Regretté Mungwalo Mutangi Moise dit Agneau Pacifique (décédé en Aout 2018), pionnier du scoutisme de la CBCA et premier Coordonnateur Communautaire de l'Union des Scouts de la Communauté Baptiste au Centre de l'Afrique (US-CBCA), modules de formation des jeunes scouts protestants.

Les thèmes en caractère spirituelle sont les modules de différentes formations des aumôniers enseignés par Kombi Sethi Misiko dit Mainate Paisible qui fut le premier Vice Coordonnateur Communautaire et l'actuel Aumônier de l'Union des Scouts de la CBCA.

Avant toute chose, nous avons l'intérêt de connaitre l'origine du Scoutisme.

II. L'ORIGINE DU SCOUTISME

Le scoutisme a été fondé par Robert Stephenson Baden Powell (B.P) ; en accomplissant des missions délicates et dangereuses dans les pays lointains où il utilisa avec habilité des compétences d'éclaireurs, Il remporta beaucoup des victoires militaires et fut très célèbre et écrira « Aid to scouting » destiné aux soldats et même avec son succès ce document était utilisé dans les écoles. Quelques années plus tard, en 1899 il eut l'occasion de mettre en pratique ses idées en Afrique du sud, en sauvant la petite ville de Mafeking assiégée par les Boers (hollandais). Il utilisa des garçons comme colporteurs, et réalisa qu'ils sont capables d'accomplir des grandes choses si on leur en laisse la possibilité. Il rentra en Angleterre comme héro. S'intéressant plus à l'éducation de la jeunesse, de partout surtout dans le monde européen, il recevait beaucoup des correspondances des jeunes qui lui demandait le secret de ses succès. Il eut alors l'idée d'écrire un autre livre destiné aux jeunes « Scouting for boys ». Avant sa publication, il organisa un camp pour expérimenter ses idées. Ce camp aura lieu du 29 juillet au 9 août 1907 sur l'ile de BROWNSEA, avec 21 garçons venus des milieux sociaux différents (repartis en 4 patrouilles), Ce Camp est considéré comme le point de départ du mouvement scout car pour la première fois, les jeunes qui y prirent part s'inspirèrent de la loi scoute dans leurs activités en appliquant aussi le système des patrouilles. En 1910, il décida de quitter l'armé pour se consacrer exclusivement au scoutisme.

En 1920, pour montrer la fraternité scoute, il organisa le premier JAMBOREE, qui est le Rassemblement de tous les scouts (100 000 scouts venus de 34 pays). Il meurt le 8 janvier 1941, et fut enterré à Nyeri en face du Mont Kenya où il vivait depuis 1937. Vu l'importance de ce mouvement dans l'encadrement de la jeunesse, le scoutisme fut embrassé par plusieurs pays et par des confessions religieuses pour l'éducation de leur jeunesse mais en respectant ses principes fondamentaux.

Quelques paroles de BP avant sa mort : « *Tachez de quitter cette terre a l'ayant rendu meilleure que vous l'avez trouvée et quand l'heure de la mort approchera, vous pourrez mourir heureux en pensant que vous n'avez pas perdu votre temps et que vous avez fait de votre mieux. Soyez toujours prêt à vivre heureux et à mourir heureux. Soyez toujours fidèles à votre promesse d'éclaireur (scout) même quand vous aurez cessé d'être un enfant - et que DIEU vous aide à y parvenir. Votre ami BP* »

Scoutisme dans la CBCA : Vers les années 1960-1964, ce mouvement scout a été utilisé pour l'encadrement de la jeunesse. Il fut arrêté suite aux menaces de la rébellion de Mulele, mais aussi suite à l'instauration du parti unique MPR et de la jeunesse du mouvement populaire de la révolution par le régime de Mobutu. Nous rendons hommage à ces anciens scouts déjà décédés parmi lesquels nous pouvons citer : Le Rév. Kissando qui était l'Aumônier communautaire des scouts, L'Honorable Marc Sumbusu, ... Parmi ceux qui sont encore vivant nous pouvons citer le courageux Rév. Pasteur Nzuvukiro qui est l'Aumônier Principal des scouts du Poste Bambo. Et c'est en 2001 que la CBCA a jugé mieux de reprendre l'encadrement de sa jeunesse à travers le mouvement scout. Commencé à Goma vers 2001, aujourd'hui différents groupes scouts fonctionnent dans certaines paroisses de nos postes comme : Goma, Bukavu, Kalungu, Buturande, Bambo, Bwatsinge, Katwa...[1]

III. DEFINITION DU SCOUTISME

Le scoutisme est un mouvement éducatif pour les jeunes, fondé sur le volontariat ; c'est un mouvement à caractère non politique, non militaire, ouvert à tous sans distinction d'origine, de race, de sexe,... conformément au but, principes et méthode tels qu'ils ont été conçus par le Fondateur Baden-Powell.

[1] Pour mieux comprendre l'histoire du scoutisme de la CBCA, lisez « le Scoutisme, Service d'encadrement de la jeunesse dans l'église : Regard critique sur le scoutisme de la CBCA » de Kombi Sethi Misiko.

Le mot anglais « scout » et en français « éclaireur » signifie, celui qui éclaire les autres. Symboliquement dans la Bible il est représenté comme un flambeau qui brille au milieu des ténèbres : Philippiens 2 :15 (Brillez comme des flambeaux dans le monde, portant la parole de vie). La lumière c'est Jésus (Jean 8 :12) le 1er Scout que tous les scouts ou éclaireurs doivent prendre comme modèle.

IV. BUT DU SCOUTISME

Le but du mouvement scout est de contribuer au développement des jeunes en les aidants à réaliser pleinement leurs potentialités spirituelles, intellectuelles, physiques, sociales, émotionnelles et caractériels.

V. PRINCIPES DE BASE DU SCOUTISME

Le scoutisme est fondé sur trois principes « Tu aimeras le Seigneur, ton Dieu, de tout ton cœur, de toute ton âme… Tu aimeras ton prochain comme toi-même » Mc 12 : 30-31 qui sont :

- Devoir envers Dieu : Adhérer et appliquer les principes spirituels et devoirs de son Eglise.
- Devoir envers autrui : le principe social, donc servir le prochain et participer au développement de la société.
- Devoir envers soi-même : la responsabilité de son propre développement.

Signalons que ces principes sont aussi appelés trois piliers du scoutisme.

VI. VISION ET MISSION DU SCOUTISME

– Où voulons-nous aller avec le scoutisme ? **(NOTRE VISION)**

Rendre de jeunes des citoyens actifs capables d'apporter un changement positif au sein de leur communauté et dans le monde à partir de valeurs partagées.

– Ce que nous essayons de faire **(NOTRE MISSION)**

Le Scoutisme a pour mission, de contribuer à l'éducation des jeunes afin de participer à la construction d'un monde meilleur peuplé de personnes épanouies, prêtes à jouer un rôle constructif dans la société.

- Il propose aux jeunes d'entrer, tout au long de leurs années de formation, dans un processus d'éducation non-formelle (éduquer à travers les activités).

- Il utilise une méthode originale selon laquelle chacun est le principal artisan de son propre développement pour devenir une personne **autonome, solidaire, responsable et engagée.**
- Il les aide à développer un système de valeurs basé sur les principes spirituels, sociaux et personnels exprimés dans ***la Promesse et dans la lo***i.

✓ <u>Texte de la Promesse</u> ***:***

« Sur mon honneur et avec la grâce de Dieu, moi …. je m'engage à servir loyalement Dieu, mon Eglise et mon pays, aider mon prochain à toutes circonstances et à observer la loi scoute ».

✓ La loi scoute :

1. ***Le scout n'a qu'une parole.*** *Math 5 :37 ; Jacques 5 :12 ; 1Sm 24*
2. ***Le scout est loyal et bon patriote.*** *Rm 13,1-5, Gal 3,15 ; Exode 20 :12*
3. ***Le scout se rend utile et aide son prochain.*** *Luc 22 :27 ; Jn 13 :14-15 ; Jn 15 :13*
4. ***Le scout est ami de tous et frère de tout autre scout.*** *Math.22:39;Jn13:15;Mt 5 :44*
5. ***Le scout est courtois et respecte les ainés.*** *Phil 2 :1-18 ; Col 3 :12*
6. ***Le scout aime et protège la nature, il respecte les animaux.*** *Ps 19, Ps 8,4, Ps 147,4, 1Co 15,41*
7. ***Le scout sait obéir et ne fait rien à moitié.*** *Mt 21,28-32, Mt 7,21, Lc 6,46 ; Ph 2, 6-8, Mt 26,39,*
8. ***Le scout sourit et chante dans ses difficultés.*** *2Cor 6 :4 ; Luc 21 :19 ; Heb 12 :1-3*
9. ***Le scout est économe et respecte les biens d'autrui.*** *Luc 12 :42* ***;*** *Gn 39,4, Pr 6,6-11, Pr 31,13-22,*
10. ***Le scout est pur dans ses pensées, ses paroles et ses actes.*** *Mt 5,8, Ps 24,3-4 ;Eph 5 :3-4 ; 1Cor 6 :18-20*

VII. DEVISE DES SCOUTS

- Pour les louveteaux (6 à 12 ans) : De notre mieux
- Pour les scouts (12 ans à 16 ans) : Toujours prêt
- Pour les navigateurs (17 à 20 ans) : Persévérant
- Pour les routiers (20 à 25 ans) : Servir

VIII. LES OBJECTIFS EDUCATIFS DU SCOUTISME

Les objectifs éducatifs sont des résultats attendus au terme d'un processus éducatif, exprimés en termes de capacités nouvelles à acquérir. Ces objectifs éducatifs permettent de :

- centrer tout l'effort éducatif sur les jeunes pour les aider à développer *tout leur potentiel* en termes mesurables et réalistes ; l'importance n'étant pas l'activité ou la méthode, mais le jeune lui-même et son évolution ;
- faciliter la détermination d'objectifs éducatifs cohérents pour chaque branche;
- apporter une base solide pour l'évaluation de la progression personnelle dans les domaines de croissance ;
- accroître l'engagement des responsables adultes autour d'un but commun.
- Formuler l'objectif éducatif de manière cohérente en tenant compte de la proposition éducative du scoutisme :
    - ✓ les connaissances à acquérir (le savoir);
    - ✓ les compétences à acquérir (le savoir-faire)
    - ✓ les attitudes à développer (le savoir-être).

VII.1. Les domaines ou dimensions de croissance de développement

Les objectifs éducatifs du Scoutisme sont fondés sur les domaines de croissance qui doivent être considérés non comme des éléments séparés, mais comme les parties d'un **tout** telles que le démontre le diagramme ci-contre:

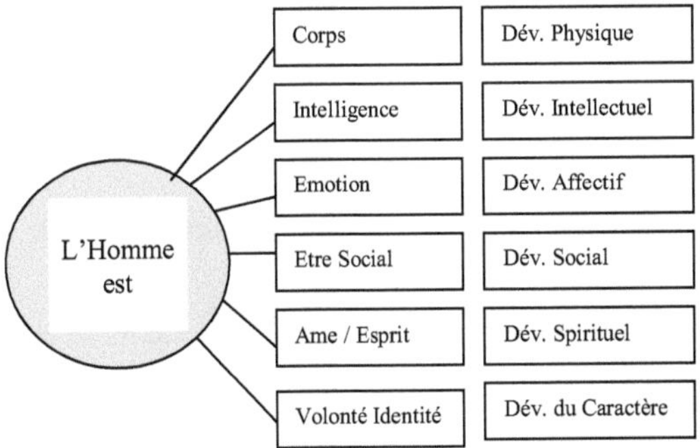

Dans la construction de toute personne, ces 6 domaines de croissance entrent en interaction les uns par rapport aux autres et ne peuvent être décrits correctement qu'à partir de perspectives différentes.

Le Scoutisme, prend en considération toutes ces dimensions de la personne. Chaque Jeune est encouragé à prendre la responsabilité de son développement global.

a) Développement physique

C'est-à-dire aider le Jeune scout à être responsable de la croissance et du fonctionnement de son corps.

- comprendre le fonctionnement et le changement de son corps,
- être capable d'intégrer une bonne nutrition dans ses habitudes alimentaires.
- Etre capable d'observer les règles d'hygiène dans sa vie quotidienne.
- Etre responsable du développement de la souplesse, la robustesse, l'agilité et la maitrise de son corps.
- Etre capable de reconnaitre et de compenser ses handicaps.
- Etre capable d'établir et d'observer un équilibre entre les moments d'activités et les moments de repos.
- Etre capable de respecter son corps, éviter les abus, les substances nuisibles.
- Développer les sens (le toucher, la vue, l'odorat), …,

b) Développement intellectuel

Développer sa capacité de penser, d'innover et d'utiliser l'information de manière originale pour s'adapter à des situations nouvelles. Recherche, traitement et exploitation de l'information :

- Collecter et analyser les faits qui se passent dans son environnement. (Curiosité, enquête exploration, observation, tri et classement).

-Se servir correctement des connaissances acquises dans des différentes situations.

Développement de la mémoire :

- Développer la capacité de retenir les faits et les restituer spontanément.

-Aiguiser ses capacités sensorielles (visuels, auditives. .) et les exploiter dans les circonstances de sa vie

Résolution des problèmes :

-Développer ses capacités d'analyser des problèmes et de trouver des solutions de façon créative

-être capable de poser des hypothèses, les expérimenter si possible et en déduire les solutions appropriées.

(esprit d'invention et créatif, hypothèse et déductions, expérimentation).

c) Développement affectif

Reconnaître ses propres sentiments et apprendre à les exprimer de manière à atteindre et à maintenir un état intérieur de liberté, d'équilibre et de maturité affective.

Découverte et prise de conscience de soi

- reconnaître et accepter ses émotions,
- se découvrir soi-même.

Expression de soi

- extérioriser et exprimer ses sentiments en utilisant des modes d'expression diversifiée.

Responsabilité et maîtrise de soi

- gérer ses sentiments et ses émotions de manière à respecter son intégrité et celle d'autrui,
- Etre responsable de sa vie sexuelle
- répondre de manière responsable aux sentiments exprimés à son égard,
- contrôle de l'agressivité.

d) Développement social

Acquérir le concept de l'interdépendance avec les autres et développer sa capacité à coopérer aussi bien qu'à diriger.

Relation et communication

- développer un sens de la relation à l'autre (acceptation des différences, accueil et écoute),
- acquisition de compétences dans le domaine de la communication,
- partenariat égalitaire entre hommes et femmes,
- rejet des stéréotypes et des préjugés sociaux ou nationalistes.

Coopération et leadership

- apprentissage de la coopération : esprit d'équipe, tenir un rôle dans un groupe, élaborer, respecter, évaluer des règles communes, compréhension des situations d'interdépendance et de réciprocité ; gérer un projet collectif. Formation du citoyen,
- apprentissage de l'autorité de service.
- art de diriger

Solidarité et service

- découvrir l'interdépendance entre les individus et les communautés. Sentiment d'appartenance à des communautés de plus en plus larges, développer le sens de complémentarité
- développement du sens de service, développement du sens de l'intérêt général ; intégrer les valeurs de démocratie et de justice sociale.

e) Développement spirituel

- Conduire le jeune Scout à Christ et découvrir la réalité spirituelle qui donne un sens à la vie et à apprendre à la faire refléter dans sa vie quotidienne;
- aider chacun à développer une meilleure connaissance et compréhension de la foi chrétienne, l'héritage spirituel de sa communauté pour devenir mature dans le service de Dieu et de l'autrui. Mais aussi apprendre à respecter le choix des autres.

Salut (Foi et piété):

- accepter Christ comme Sauveur et Seigneur dans sa vie.
- Vie d'adoration, de louange et de célébration à l'honneur de Dieu Eternel.
- Vie de compassion et d'amour

Célébration et Croissance

- grandir dans la connaissance et l'intimité de Dieu
- grandir dans la foi et la parole de Dieu

Témoignage :

- Etre des bons témoins du Christ
- Multiplier des bonnes actions

Emerveillement et contemplation:

- être sensible aux merveilles de la nature et de la vie qui doit être protégé,
- y reconnaître une réalité spirituelle (Dieu le créateur).

Approfondissement spirituel:

- explorer l'héritage spirituel de sa communauté, l'approfondir,
- en tirer les conclusions pour sa vie personnelle.

f) Développement du caractère

Aider le jeune Scout à être quelqu'un sur qui on peut compter, quelqu'un de coopérant, de patient, de tolérant, qui soutient les autres. Le jeune Scout apprend à s'occuper de ses propres problèmes et à coopérer avec les autres avec un sens élevé de la solidarité. Apprendre à s'affirmer, à décider par soi-même, à donner des buts et à identifier les étapes nécessaires pour les atteindre.

Identité:

- se découvrir et s'assumer soi-même,
- se donner des objectifs de progression personnelle et les atteindre.

Autonomie:

- être capable de juger la réalité par soi-même,
- savoir prendre des décisions, faire des choix et assumer les conséquences,
- Se montrer responsable de son propre développement et se donner des objectifs pour les réaliser.
- savoir gérer son temps, se donner des priorités et les respecter, organiser son travail et ses loisirs, planifier ses projets.

Engagement:

- être capable de percevoir des enjeux et de prendre position,
- savoir s'engager dans un projet,
- persévérer malgré les difficultés,
- définir un choix de vie (profession, style de vie) et prendre les dispositions pour les réaliser.

Service:

- être source de soutien pour les autres,
- prêt à servir des autres,
- esprit d'équipe.

En fin chaque jeune est encouragé à prendre la responsabilité de son développement global. Les objectifs éducatifs du Scoutisme sont fondés sur les domaines de croissance qui doivent être considérés non pas comme des éléments séparés, mais comme les parties d'un tout.

VII.2. Les étapes de développement ou système de progression personnelle.

Pour bien atteindre ses objectifs éducatifs, le scoutisme identifie traditionnellement 4 tranches d'âge qu'il identifie aussi aux quatre branches de regroupement des scouts :

- l'enfance : 8 à 11 ans
-la préadolescence (la puberté) :12 à 16 ans
- l'adolescence : 17 à 20 ans
- et les jeunes adultes : 20 à 25 ans.

Dans le développement de l'enfant et du jeune, les psychologues identifient plusieurs stades successifs. Les différents domaines de croissance, déjà présentés (physique, intellectuel, émotionnel, social et spirituel), sont en interaction les uns avec les autres et concourent à certaines périodes à créer un état provisoire d'équilibre que l'on appelle « *un stade* ».

Les stades sont des étapes successives d'intégration des différents domaines de croissance chez un individu. La remarque qui s'impose est que l'enfant n'est pas un adulte en miniature. Il possède à chaque âge des caractéristiques et des centres d'intérêts particuliers. Il est donc nécessaire de graduer les objectifs éducatifs en fonction du potentiel atteint par le jeune.

Le modèle de tranches d'âge de la FEDERATION DES SCO UTS DU CONGO (FESCO) comprend quatre branches qui sont :

1) la Branche Jaune ou Unité Meute,
2) la Branche Verte ou Unité troupe,
3) la Branche Bleue ou Unité Compagnie,
4) la Branche Rouge ou Unité Clan.

Celui-ci se présente sous la forme de 4 branches de 5 ans selon le schéma ci-dessous :

Louveteaux					Eclaireurs					Navigateurs					Routiers				
6	*7*	*8*	*9*	*10*	11	12	13	14	15	16	17	18	19	20	*21*	*22*	*23*	*24*	*25*

VII.3. Les objectifs éducatifs de branches scoutes

Il s'agit ici de présenter les objectifs éducatifs pour chacune des branches. En partant des objectifs terminaux ou finaux qui sont déjà présenter, on est parvenu à préparer une grille d'objectifs éducatifs, établis pour la branche aînée jusqu'à ceux des branches cadettes. Ce type de grille est utile aussi bien pour les responsables adultes que pour les jeunes et les aide à définir et à évaluer leurs objectifs individuels et les motive à progresser.

Les objectifs de branche définissent pour chaque domaine de croissance, les résultats qu'un jeune devrait avoir atteint au terme de son expérience dans la branche. Ils sont établis en suivant les mêmes pistes éducatives que pour les objectifs terminaux (ou finaux) afin d'assurer la cohérence de la progression d'une branche à l'autre.

But

1. Exprimer comment le Scoutisme se propose d'aider les jeunes à réaliser toutes leurs potentialités en termes réalistes, mesurables et adaptés aux besoins des jeunes de chaque tranche d'âge.
2. Assurer une cohérence entre les objectifs éducatifs de chaque branche et les objectifs terminaux (généraux) de la branche, conformément aux buts définis dans la proposition éducative.

3. Encourager les jeunes à progresser personnellement dans chacun des domaines de croissance et leur procurer un moyen pour élaborer leurs propres objectifs personnels et évaluer leur progression.

4. Procurer aux responsables adultes un cadre de référence précis pour leur travail éducatif.

5. Encourager le dialogue entre les jeunes et les adultes dans une relation ouverte et confiante.

1) Développement physique

	BRANCHES OU UNITES			
PISTES EDUCATIVES	**3eme Enfance 6 à 12 ans (les louveteaux)**	**1ère adolescence/ Puberté 12 à 16 ans (les Eclaireurs)**	**2ème adolescence 17 à 20 ans (les Navigateurs)**	**Jeunes adultes 20 à 25 ans (les Routiers)**
Développement de la structure et du bon fonctionnement du corps	1. Etre capable de distinguer les quatre groupes d'aliments. 2. Etre capable de respecter et d'expliquer les règles d'hygiène élémentaire.	1. Etre capable d'expliquer les bonnes habitudes alimentaires 2. Etre capable d'intégrer les règles d'hygiènes dans sa vie quotidienne 3. Se garder en bonne condition physique	1. Etre capable d'intégrer une bonne nutrition dans ses habitudes alimentaires 2. Etre capable de prendre des mesures adéquates d'hygiène pour préserver sa santé contre les maladies 3 .Accepter sa part de responsabilité pour le développement harmonieux de son corps	1. Etre capable de prendre des mesures nutritionnelles pour protéger sa santé et la santé de la communauté 2. Etre capable de prendre part dans la prévention et la résolution. 3. Etre capable d'utiliser ses responsabilités physiques au service des autres
Rythme biologique	1. Etre capable d'identifier les principaux organes de son corps et leur rôle 2. Etre capable d'identifier les différentes substances nuisibles à la santé et leurs conséquences 3. Montrer qu'il	1. Etre capable de reconnaitre les changements qui se reproduisent au fur et à mesure lors du développement de son corps. 2. Etre capable de respecter son corps en évitant toute substance nuisible à la santé.	1. Etre capable d'établir et d'observer un équilibre entre les moments d'activités et les moments de repos 2. Etre capable de prendre conscience des substances nuisibles à la santé humaine. 3. Etre conscient des processus biologiques qui régulent le	1. Etre conscient des processus biologiques qui régulent le bon fonctionnement du corps 2. Etre capable d de diffuser les conséquences de l'usage des substances nuisibles au sein de la communauté 3. capable de comprendre et de partager ses connaissances du corps pour aider d'autres personnes à

	(elle) connaît où est les principaux organes de son corps.		fonctionnement de son corps.	comprendre leurs corps.
	Développer de bonnes habitudes pour protéger sa santé.	Prendre les mesures adéquates en cas de maladies ou d'accident.	Protéger sa santé, connaître et accepter ses capacités physiques.	Développer les Capacités à vivre en bonne santé.
	Prendre part dans des activités sportives, en connaître les règles et accepter de perdre.	Choisir une discipline sportive et s'entraîner en respectant les techniques impliquées.	Développer ses cinq sens (vue, ouïe, goût, odorat, toucher) et sa forme physique, de manière à compenser ses handicaps éventuels.	Montrer une attitude et son intérêt par rapport aux personnes vivant avec handicaps.

2) Développement intellectuel

PISTES EDUCATIVES	**BRANCHES OU UNITES**			
	Louveteau	**Eclaireur**	**Navigateur**	**Routier**
Recherche des informations	1. Sait s'expliquer lorsqu'il (elle) trouve quelque chose de surprenant ou d'étrange. 2. Etre capable de recueillir des contes, des histoires et les restituer fidèlement.	1. Montre de l'intérêt pour accroître ses connaissances concernant ce qui l'entoure.	Développe un esprit de curiosité et recueille systématiquement des informations pour accroître ses connaissances.	Etre capable de collecter systématiquement les informations en vue d'aider les autres à apprendre.
Traitement des informations	Explique les conclusions qu'il (elle) tire après avoir lu des histoires, des comptes et découvre les personnages proposés.	1. Analyser les faits qui se présentent dans sa vie et faire preuve de capacité pour analyser une situation sous différents angles. 2. Etre capable de poser des hypothèses et tirer des conclusions à partir des	Est capable d'analyser et de classer des informations et de les appliquer à son environnement personnel.	1. Etre capable d'analyser, de classer les informations enfin de pouvoir les utiliser dans les diverses circonstances de la vie. 2. Se servir correctement des leçons tirées de ses

		conclusions à partir des faits observés autour de soi		expériences dans son environnement personnel.
Développement de la mémoire	1. Etre capable de réciter un conte ou une histoire entendue 2. Etre capable de reconnaitre les différents sens et leur utilité	1. Etre capable de restituer les moments forts d'un évènement ou d'une histoire 2. Aiguiser ses capacités sensorielles	1. Etre capable de relater les différents faits similaires 2. Exploiter les capacités sensorielles dans les différentes circonstances de la vie	1. Etre capable de restituer les différentes étapes d'un événement historiques 2. Mettre au profit de sa communauté les capacités sensorielles acquises au cours de sa progression.
Résolution des problèmes	1. Etre capable de servir de médiateur dans des situations conflictuelles 2. Montrer de l'intérêt pour rechercher les causes des phénomènes qu'il (elle) voit.	1. Est capable d'identifier les éléments principaux d'un problème. 2. Etre capable de mettre en œuvre dans la vie de tous les jours les compétences acquises face à des situations difficiles.	1. Savoir détecter à temps les conflits qui menacent sa communauté et arrêter des mesures préventives 2. Etre capable de résoudre des problèmes par hypothèses t déductions.	Faire preuve d'un esprit d'invention et de créativité en utilisant ses compétences techniques, manuelles et intellectuelles. 2. S'investir dans la prévention, la résolution pacifique des conflits.

3) Développement affectif ou émotionnel

PISTES EDUCATIVES	**BRANCHES OU UNITES**			
	Louveteau	**Eclaireur**	**Navigateur**	**Routier**
Découverte et prise de conscience de soi	Capable d'identifier et décrire ses émotions et ses sentiments dans des situations diverses.	Capable d'identifier les causes de ses réactions émotionnelles et comportements dans diverses situations.	Est capable de reconnaître et d'accepter ses émotions, d'en comprendre les causes et les effets qu'elles peuvent avoir sur les autres.	Est capable de reconnaître les émotions des autres et essayer de les respecter en toutes circonstances.

Expression et maitrise de soi	1. Participe à des pièces de théâtre, de mimes et à d'autres techniques d'expression. 2. Etre capable d'accepter de bon cœur les critiques que font ses pairs sur lui	1. Etre capable de contrôler ses réactions et émotions en adoptant un comportement pacifique 2. Exprime ses intérêts et ses capacités artistiques à travers des techniques diverses.	1. Est capable d'exprimer différents types d'émotions en utilisant des techniques créatives variées (musique, danse, expression dramatique, peinture, poésie, jeux de rôle ....). 2. Capable de gérer ses sentiments et émotions de manière à accepter son intégrité et celle d'autrui.	Aide d'autres à gérer leurs propres émotions d'une façon acceptable.
Responsabilité et contrôle de soi	Accepte de bon cœur les critiques qu'on fait sur lui. Dit ce qu'il (elle) pense sans heurter ses camarades ni se moquer d'eux. Montre qu'il reconnaît les différences physiques entre hommes et femmes comme quelque chose de naturel.	Découvre la valeur de l'amitié et de ses amis et évite d'être d'une sensibilité trop exacerbée dans ses relations. Est capable d'apporter une information sexuelle correcte et appropriée à ses camarades de manière naturelle.	Est capable d'apprécier les bons côtés de la vie de manière à compenser les moments difficiles et à se maintenir en état d'équilibre affectif et de bonheur. Est capable de s'affirmer face aux autres tout en montrant son affection sans être inhibé ni agressif, en respectant son intégrité et celle des autres. Accepte et respecte sa sexualité et celle des autres comme une expression d'amour.	Se comporte d'une façon assertive et affectueuse envers les autres, sans inhibition ni agressivité, respectant son intégrité et celle des autres. Aide les autres à bien gérer leurs problèmes de sexualité.

4) Développement social

PISTES EDUCATIVES	BRANCHES OU UNITES			
	Louveteau	**Eclaireur**	**Navigateur**	**Routier**
	Montre du respect pour l'opinion des	Est ouvert à différentes opinions, classes	Aime explorer d'autres modes de vie et considère la diversité moins comme	Est capable de reconnaître des stéréotypes sexuels et

Relation et communication.	autres.	sociales et façons de vivre.	une menace que comme un enrichissement. Est capable de reconnaître les stéréotypes sexuels et éthiques et de les combattre.	ethniques et les mettre au défi.
Coopération et leadership	Accepte les règles et fait preuve de sens du franc-jeu dans les jeux. Mène à bien les tâches qui lui sont assignées dans la Meute.	Est capable de jouer un rôle de médiateur en cas de conflit dans son équipe. Montre une capacité à prendre des décisions avec les autres et à les respecter.	Est capable d'identifier les causes multiples des conflits, maîtrise la prévention des conflits et les techniques de résolution de conflit et les applique dans sa vie de tous les jours de manière à contribuer à la construction de la paix.	Est capable de travailler au sein d'une équipe, de communiquer avec efficacité, de gérer des projets et de servir activement dans la communauté locale, de manière à influencer les processus de changement pour le bien de tous.
Solidarité et service	Rendre un petit service individuel chaque jour.	Fais des suggestions et participe à l'organisation de projets de service social entrepris par la Patrouille ou la Troupe.	Est capable d'expliquer les principes de droits de l'homme et les multiples façons suivant lesquelles ils peuvent être promus ou niés à travers des facteurs sociaux, économiques et culturels.	Est capable d'appliquer, dans sa vie quotidienne, les principes de droits de l'homme et d'agir en conséquence.

5) Développement spirituel

PISTES EDUCATIVES	**BRANCHES OU UNITES**			
	Louveteau	**Eclaireur**	**Navigateur**	**Routier**
Foi et piété	1. Montrer du respect et se	1. -S'engager à Dieu à travers Jésus le	1.Être capable d'exprimer sa foi	1. Faire preuve de sa loyauté à

.	conformer aux principes spirituels de l'Eglise 2. Connaitre Dieu comme son Père et Jésus comme son sauveur et son ami	Sauver et Seigneur 2. Témoigner en parole et en acte sa foi 3. Montrer son désir dans la croissance spirituelle par la médiation biblique régulière, la prière, la communion fraternelle et la pratique des sacrements -Mener une vie chrétienne normale et victorieuse	à travers sa vie quotidienne, 2. Vie de méditation biblique, de prière et de service 3. Etre capable de prendre un engagement spirituel et le respecter 4. Connaitre sa vocation et l'affermir	Dieu, à l'Église et aux prochains 2. Etre le modèle dans les valeurs chrétiennes et scoutes au profit de la communauté
Célébration.	Participe activement dans les cultes, les adorations et louanges organisés en dehors et à l'intérieur de son groupe ou branche. Avoir un programme personnel des méditations et prières.	Participe avec sa patrouille dans le temps de partage où l'on exprime sa foi ou son expérience spirituelle. Participer et diriger les cultes, les adorations et louanges qu'organise son groupe, branche ou patrouille	Capable d'élaborer et de diriger des programmes des activités spirituelles.	Est capable d'apprendre aux autres comment organiser une activité spirituelle : culte, campagne d'évangélisation, retraite ou recollection, ….
Approfondissement spirituel	Montre de l'intérêt pour en savoir plus sur la foi confessée. Montre qu'il (elle)	Approfondit sa connaissance dans sa foi chrétienne. Connaitre les croyances des	Explore l'héritage spirituel de l'Eglise et communique avec tous quelles que	Inscrit ses principes spirituels au cœur de sa vie quotidienne en

	comprend que la valeur de sa foi s'exprime à travers son attitude à l'égard de ses amis et sa famille.	différentes religions sans aucun esprit de discrimination. Persévère dans les engagements qu'il (elle) a pris en référence de sa foi ou sa spiritualité.	soient leurs croyances religieuses en cherchant à créer une communion entre les gens.	créant une cohérence entre ceux-ci, sa vie personnelle, sa participation au développement de la société.
Emerveillement et contemplation	1. Etre capable d'admirer la nature et de prendre plaisir à y vivre et la proteger. 2. Etre capable de découvrir Dieu à travers sa créature 3. Etre capable de garder et de protéger la créature de Dieu.	1. Etre capable de trouver la réalité spirituelle de Dieu dans l'exploration de la nature. 2. Etre capable de garder et de protéger la nature. 2. Etre capable de découvrir la richesse de l'œuvre divine à travers les différences entre les hommes. .	1. Etre capable de de percevoir l'ouvre de Dieu à travers la contemplation de la nature 2. Etre capable de témoigner la grandeur divine à travers les expériences personnelles ou collectives vécues.	1. Etre capable de reconnaitre dans l'équilibre environnemental l'œuvre de Dieu et s'engager à le préserver et d'en faire découvrir les autres 2. Etre capable d'emmener les autres à découvrir la dimension divine qui existe en eux.

6) Développement du caractère

PISTES EDUCATIVES	BRANCHES OU UNITES			
	Louveteau	**Eclaireur**	**Navigateur**	**Routier**
Identité	Apprécie ce qu'il (elle) est capable de faire.	1. Est capable d'accepter et d'évaluer les critiques faites à	Reconnaît ses capacités et ses limites à une conscience critique de soi-même, accepte sa	Aide les autres à accepter leur façon d'être et préserve une bonne image

		l'égard de son comportement. 2. Reconnaît sa capacité à aller plus loin que ses propres limites.	façon d'être et préserve une bonne image de soi. Se donner des objectifs pour s'améliorer et progresser	d'eux-mêmes.
Autonomie	Faire preuve de respect de ses moments de repos et ceux des autres.	Faire son emploi de temps journalier et en évaluer les résultats.	Etablir un équilibre entre ses moments de loisirs et du travail Développe joie de vivre et sens de l'humour. Fait preuve d'esprit critique par rapport au monde qui l'entoure, est capable de faire des choix et d'en accepter les conséquences. S'efforce de devenir financièrement indépendant et accorde valeur à son travail comme à celui des autres.	Gérer son temps en se donnant les priorités et en les respectant. Montre qu'on a une vision critique de soi-même et du monde qui l'entoure. Qu'on sache prendre les décisions qui s'imposent et accepte leurs conséquences. Sauvegarde son indépendance financière capable d'exprimer ses points de vue d'une façon assertive.
Engagement	Découvre graduellement que les valeurs scoutes sont reflétées à travers ses attitudes à l'égard de ses	Montre un effort constant de cohérence. Respecte les responsabilités qu'on lui a confiées. Recherche des informations de	Se montre responsable de son propre développement et se donne des objectifs pour les réaliser. Exprime ses opinions avec assurance, prend des engagements et	Prend des engagements et persévère malgré les difficultés. Fait des efforts pour déterminer son propre style de vie et planifier son

	parents, chefs, camarades et de ses amis. Mène généralement à bien les tâches qu'il (elle) accepte de faire.	façon à faire des choix concernant son orientation scolaire et professionnelle.	persévère malgré les difficultés. Fait des efforts pour déterminer son propre style de vie et planifier son intégration sociale et professionnelle.	avenir professionnel et son intégration socio-professionnelle.

Ces objectifs éducatifs définissent clairement, pour chaque domaine de croissance, les résultats qui devraient être atteints par un Jeune au moment où il quitte le mouvement. Le mouvement scout ne fait que l'aider à grandir pour devenir :

- une personne loyale à Dieu, équilibrée et heureuse,
- une personne autonome, serviable et acteur du changement.

IX. LES ACTIVITES SCOUTES

Le but de cette partie est d'aider le responsable adulte à développer des activités répondant aux centres d'intérêt des jeunes aussi bien qu'aux objectifs éducatifs qu'il a identifiés. Dès l'origine, le Scoutisme a été défini par son Fondateur comme une *pédagogie active.* Son principe de base est l'éducation par l'action.

Les activités sont la partie la plus visible du programme scout. Elles représentent ce que les jeunes font dans le Scoutisme.

Une activité scoute est un flot d'expériences qui offre à un jeune la possibilité d'acquérir des connaissances (le savoir), des compétences (le savoir-faire) et des attitudes (le savoir être) correspondantes à un ou plusieurs objectifs éducatifs.

Le rapport entre l'activité et l'objectif éducatif peut s'établir dans les deux sens :

- on peut choisir une activité en fonction d'un objectif éducatif déterminé.
- On peut aussi évaluer une activité réalisée et identifier les objectifs éducatifs que cette activité a permis d'atteindre.

Une activité scoute, au sens large du terme, n'est pas une tâche unique que les jeunes accomplissent tous ensemble. Une activité scoute offre aux jeunes l'occasion de poursuivre un but commun à travers une grande variété de rôles qui, d'une part, sont adaptés aux besoins, aux capacités et aux intérêts de chacun et, d'autre part, permettre un soutien et une stimulation mutuels.

Toute activité implique un processus. Elle doit être :

- conçue, - réalisée et
- planifiée, - évaluée.
- organisée,

L'évaluation permet un effet en retour utile pour l'amélioration des futures activités ou pour produire de nouvelles idées. Une activité peut être conçue de deux façons différentes :

1) le responsable adulte prépare et propose aux jeunes une activité susceptible d'offrir des situations d'apprentissage cohérentes avec les objectifs de la branche et répondant aux centres d'intérêt du groupe ;
2) le responsable propose aux jeunes d'exprimer leurs centres d'intérêt, puis les aider à bâtir une activité qui y réponde. Il s'efforcera ensuite d'identifier les situations d'apprentissage qu'elle peut offrir afin de relier ces situations aux objectifs de la branche.

Dans le scoutisme, on peut distinguer deux grands types d'activités :

- ***Activités variables*** *qui* sont des activités qui visent à produire des expériences nouvelles telles que : Les sorties comme les explorations, les visites, les services communautaires, les camps, les randonnés ....

- ***Activités fixes*** *qui sont celles qui* visent à entretenir la cohésion et le fonctionnement du groupe telle que : Elles sont par exemple : Matières dans le coin de Patrouille, jeux de détente ou d'apprentissage, conseils de Patrouille, conseil d'Unité, évaluation, cérémonies, etc.

Ces dernières sont plus répétitives que les premières. Toutes les deux sont nécessaires à la vie du groupe et à la progression des jeunes. Le tout est de veiller à un bon équilibre entre les unes et les autres. Si *les activités variables* se succèdent sans cesse, le groupe va se fatiguer, des conflits vont apparaître car rien ne sera prévu pour réguler les interactions entre les équipes et entre les jeunes eux-mêmes. Si *les activités fixes* occupent tout le programme, l'ennui risque bientôt d'apparaître et la vie du groupe va se détériorer.

De l'activité au projet : Selon ce qui vient d'être vu précédemment, la part d'implication et de responsabilité prise par les responsables adultes dans le processus de l'activité devrait graduellement diminuer au profit de celles que les jeunes vont prendre, au fur et à mesure qu'ils acquièrent plus de compétence et d'expérience. Cette évolution n'a pas pour objet de rendre la tâche du responsable adulte plus facile, mais elle correspond au but fondamental du Scoutisme qui est *d'aider les jeunes à devenir responsables eux-mêmes.*

Les types d'activités varient suivant le degré de participation et de prise de responsabilité par les jeunes et suivant leur complexité.

Activité dirigée : L'activité dirigée est celle qu'on a au niveau de base. Dans cette activité c'est le responsable adulte qui la prépare, l'organise et la propose. C'est une étape nécessaire surtout quand un groupe est nouveau ou quand *des enfants* sont *des enfants jeunes*. Ce type d'activité s'étend généralement sur une période assez courte.

Activité participative : Celle-ci est une activité qui dure un peu longtemps et qui permet à chaque Patrouille d'avoir une mission spécifique pour sa réalisation voire sa préparation. Le contenu éducatif d'une telle activité est plus riche : elle offre en effet des rôles et des responsabilités plus diversifiés et permet aux jeunes une participation plus intense, une expérience plus riche. Au stade supérieur de participation, on accède à la dimension «*projet*». Ici, les jeunes sont *impliqués*, en particulier grâce au système des équipes, à tous les niveaux depuis le choix, la préparation, l'organisation jusqu'à la réalisation et l'évaluation.

On doit insister sur un fait certain :

- plus les jeunes sont impliqués dans le choix, la préparation et la réalisation de l'activité,
- plus l'expérience qui leur est permise est intense et diversifiée
- et plus riche est son contenu éducatif.

Au niveau des bases petits enfants), le Responsable adulte aide la Meute (les Louveteaux) à s'intéresser aux services communautaires à travers « *le Bon Tour* (*B.T.*)» qui graduellement devient « *Bonne Action* (*B.A*)» au niveau de la Troupe, puis se transforme en « Bon Exploit » à la Compagnie et qui s'intègre dans des activités des services communautaires.

Avec le temps, les plus grandes activités sont programmées et organisées par les jeunes eux-mêmes. C'est en ce moment qu'on touche au développement communautaire par des projets de développement. Une bonne activité éducative possède 4 qualités :

- elle constitue un défi,
- elle est attrayante,
- elle est valorisante,
- elle est utile.

✓ **Un défi :** L'activité doit comporter des difficultés et stimuler la créativité, l'invention, le dépassement de soi.

N.B. : Il faut cependant veiller à ce que ce défi reste dans les limites des capacités ou du niveau de maturité des jeunes.

- ✓ **Attrayante :** L'activité doit éveiller l'intérêt du jeune et son désir de participer. Il est d'une nécessité capitale de disposer d'une grande variété d'activités possibles pour l'adapter à des situations diverse *car* les centres d'intérêt des jeunes varient en fonction des stades de développement et aussi des milieux socio-culturels.

- ✓ **Valorisante :** Participer à l'activité doit donner au jeune le sentiment d'en retirer un bénéfice pour lui-même. Le plaisir d'avoir participé à quelque chose de passionnant, la fierté d'avoir fait quelque chose pour la première fois ou d'avoir réussi au-delà de ses attentes, mais aussi la joie de voir sa contribution reconnue par le groupe.

- ✓ **Utile : L'activité** doit permettre une expérience enrichissante. Elle doit être source de découverte, d'apprentissage. Une activité qui est seulement spontanée, limitée à l'action pour elle-même ou répétitive n'est pas toujours éducative. La principale qualité d'une activité est d'être porteuse de progrès pour le jeune.

X. STRUCTURE DU SYSTEME DE PROGRESSION DANS L'EDUCATION D'UN SCOUT

La progression joue un rôle important dans le scoutisme. C'est un des moyens de stimuler le jeune et de le maintenir dans le mouvement. On distingue la progression collective qui est marquée par le passage d'une étape à une autre et commence par la promesse, puis la progression individuelle qui se caractérise par l'acquisition des brevets de spécialité.

A la Fédération des Scouts du Congo (FESCO), le jeune doit parcourir trois étapes successives pour atteindre les objectifs éducatifs du Mouvement au sein de la branche où il évolue et en reçoit en conséquence un insigne.

a. Etape 1 : consiste à la phase *d'accueil et de découverte*, au cours de laquelle le jeune prend connaissance de la proposition éducative du Scoutisme pour son âge et décide de s'engager personnellement à faire de son mieux pour la vivre..

b. Etape 2 **:** *le niveau intermédiaire*

Au cours de cette phase, le jeune est supposé avoir réalisé environ la moitié des objectifs éducatifs de la branche.

c. Etape 3 : *le niveau terminal*

A cette phase, le jeune est supposé avoir atteint les 100% des objectifs éducatifs de la branche. Normalement ce niveau doit être atteint par tous les jeunes au moment où ils quittent la Branche pour entrer dans la Branche suivante.

- Concernant les Louveteaux (6 à 12ans), c'est le thème de la Meute et de la chasse qui est utilisé pour désigner les trois niveaux ou étapes :

Etape 1 : Patte tendre : Patte tendre

Etape 2 : 1ère étoile : louveteau de 1ère étoile

Etape 3 : 2ème étoile : louveteau de 2ème étoile

- Pour les Eclaireurs (12 à 16ans), gardant le même esprit c'est le thème de l'exploration :

Etape 1 : Noviciat : novice

Etape 2 : 2nde classe : scout de seconde classe

Etape 3 : 1ère classe : scout de 1ère classe

- Pour les Navigateurs, le thème utilisé est
la navigation navale et aérienne :

Etape 1 : Initiation : moussaillon

Etape 2 : Reconnaissance : matelot

Etape 3 : Rayonnement : timonier

- Pour les Routiers, c'est le thème de « *marins qui conduisent leurs propres barques* » que la FESCO a utilisé :

Etape 1 : Aspiranat

Etape 2 : Compagnonnage

Etape 3 : Départ Routier

Les Badges de progression ou des classes

- Au troisième niveau de chaque branche, le jeune est censé mettre ses compétences au service des autres, aussi bien à l'intérieur qu'à l'extérieur du groupe.
- Pour symboliser chaque niveau, on remet au jeune des insignes dont le dessin sera cohérent avec le cadre symbolique utilisé. Afin d'éviter l'aspect diplôme, la remise de cet insigne est lieu à la réalisation d'un objectif.
- A la deuxième étape, le jeune qui a compris ces objectifs et marque son engagement à les réaliser, reçoit l'insigne de cette étape pour signifier qu'il se propose d'atteindre 50% des objectifs éducatifs de la branche.
- Une fois cette étape franchie, il recevra l'insigne de la 3° étape pour signifier qu'il vise maintenant la totalité (100%) des objectifs et se prépare à être un jeune accompli. Cette façon d'agir offre l'avantage d'éviter que le jeune reçoive le dernier insigne de progression (de la deuxième étape) juste avant de quitter la branche.

Les Badges (insignes) de spécialités (Brevets) :

Les Badges de spécialité ou Brevets constituent un système d'éducation qui consiste à amener le jeune garçon/filles à passer des épreuves diverses qui témoignent de connaissances pratiques et professionnelles pouvant lui être utiles dans sa future carrière. Ils sont obligatoires à partir du niveau intermédiaire et sont octroyés au jeune après qu'il en ait passé le test. La maîtrise prendra la décision de reconnaître la réalisation d'un objectif ou l'acquisition d'un brevet de spécialité au cours des temps d'évaluation prévus par la méthode de branche. Cette décision implique obligatoirement le groupe des pairs aussi bien que les responsables adultes.

XI. UNE METHODE EPROUVEE POUR LE GUIDISME ET LE SCOUTISME

a) Engagement par la Promesse et la Loi

Baden-Powell a établi quatre directions pour lancer ses Guides et Scouts sur le chemin de la vie : personnalité, travaux manuels, santé et service. Il voulait garantir que le Mouvement encouragerait le développement de la personne dans sa globalité, en couvrant les aspects spirituel, moral, physique, mental, social, intellectuel et émotionnel.

b) Développement personnel progressif

Par l'adhésion au Mouvement, chaque Guide et Eclaireuse prend part à un système de développement personnel progressif. Le Guidisme et le Scoutisme féminin sont libres des contraintes imposées par l'éducation formelle. La méthodologie de l'éducation informelle pratiquée au sein du Mouvement montre le chemin qui mène à différents boulevards d'exploration, et les Guides et les Eclaireuses choisissent leur propre chemin. Elles progressent dans les activités qu'elles ont choisies, à leur propre rythme, en exerçant leur motivation propre et la liberté de choix. C'est de cette manière que les Guides et les Eclaireuses avancent individuellement, tout en apprenant à interagir positivement au sein d'un groupe, en développant leur propre imagination et créativité.

c) Apprendre en faisant

Apprendre en faisant est une phrase clé du Guidisme et du Scoutisme féminin. Par son adhésion au Mouvement, chaque Guide et Eclaireuse profite d'une large palette d'activités de stimulation et de défis, qui encourage l'individu à apporter sa contribution au meilleur niveau de sa performance, pour garantir le succès des activités de son groupe.

La bonne action des Jeannettes et les projets de services entrepris par les filles plus âgées et leurs responsables, leur permettent de trouver une application pratique immédiate de la Promesse et la Loi. Le Guidisme et le Scoutisme féminin ne placent pas les jeunes dans une situation scolaire. En revanche, ils les encouragent à s'ouvrir au monde et à apporter une contribution positive en vue de leur avenir.

En dehors des actions communautaires, les Guides et les Eclaireuses du monde entier plaident des thèmes qui leur tiennent à cœur pour construire un monde meilleur. Leurs projets de plaidoyers influencent les décisionnaires pour reconsidérer des politiques, des lois et des comportements.

d) Travail en groupe à travers le système des patrouilles

Le Guidisme et le Scoutisme féminin encouragent le travail en groupe à travers le Système des Patrouilles fondé par Baden-Powell. Il définissait la patrouille comme « un petit groupe naturel de six à huit membres sous la responsabilité de l'une d'entre elles, où chaque individu a un rôle indispensable à jouer ».

Le Système des Patrouilles encourage la création de liens d'amitié, la libre expression et le sens des responsabilités collectives et individuelles.

Le Mouvement a un rôle vital à jouer dans un monde divisé, en instillant un esprit de coopération parmi les jeunes, clé d'un monde plus pacifique. Il fournit également un exemple important de démocratie en action et développe les compétences et les opportunités de leadership, pour les pratiquer dans des environnements multiculturels et intergénérationnels.

e) Service dans la communauté

Le Mouvement ne place pas ses membres dans un monde à part, mais s'efforce d'accroître leur engagement dans leur propre communauté. Notre mission est de permettre aux filles et aux jeunes femmes de développer tout leur potentiel en tant que citoyennes du monde responsables. En appliquant la philosophie : apprendre en faisant, les Guides et les Eclaireuses servent leur communautés locales, nationales et mondiales.

f) Relation à la nature

Un ingrédient important de la méthode du Guidisme/Scoutisme féminin est le contact avec la nature, traditionnellement réalisé par des activités de camping. Vivre en extérieur encourage l'autosuffisance et l'autodétermination et aide les Guides et les Eclaireuses à découvrir la tranquillité et l'harmonie de la nature pour elles-mêmes. Apprécier le monde naturel est essentiel à une époque où notre environnement est menacé et le thème de l'environnement est maintenant très présent dans beaucoup d'activités de Guides et d'Eclaireuses. Beaucoup d'enfants vivent dans des zones urbaines ou industrielles et le Mouvement a une part importante à jouer dans l'élargissement de leur vision. En même temps qu'elles comprennent et chérissent le monde naturel, les Guides et les Eclaireuses plaident pour sa protection et sa survie. Voyez ce que vous pouvez faire pour aider à sauver notre planète. *Lien vers la page sauver notre planète.*

g) Coopération active entre jeunes et adultes

Bien que le Guidisme et le Scoutisme féminin soit un mouvement de la jeunesse, encourageant le développement personnel et le travail en groupe, la guidance des adultes est essentielle à tous les stades. Pour les membres les plus jeunes, la participation des adultes signifiera supervision, pour les plus âgés, une personne plus expérimentée vers laquelle se tourner pour recueillir son avis. Pour beaucoup, l'engagement dans le Mouvement est un engagement à vie, étant donné que les membres utilisent les compétences en leadership qu'il leur a donné, pour en guider d'autres sur le même chemin. Le Mouvement voit des adultes travailler côte à côte avec les jeunes membres dans un système de coopération qui aide à dissiper l'illusion du fossé des générations.

XII. EGLISE ET SCOUTISME

1. La place de la religion dans le scoutisme

Le scoutisme est né d'un personnage chrétien d'inspiration protestante. Baden Powell a voulu faire des jeunes et des filles au sens fort du terme, sains de corps et d'esprit. Etant profondément religieux, il n'a pas voulu concevoir une éducation sans Dieu comme base ou fondement. BP dit : *« Le scout est un croyant, et je répudie toute sorte de scoutisme n'ayant pas pour base la religion / Dieu ».* L'homme ne sera jamais homme sans avoir Dieu dans sa vie.

Voilà pourquoi dès la fondation du scoutisme B.P. considère un scout comme un être religieux. *Il a une religion, la vit et se relie aux autres dans sa relation à Dieu.* Un jour, à des responsables scouts, B.P. répondra à la question qu'on lui posa de décrire ce qu'il avait à l'esprit en ce qui concerne la religion, quand il fonda le scoutisme. Eh bien sa réponse était : *« La religion est le facteur fondamental sous-jacent du scoutisme » (Le fondement ou base du scoutisme).*

Une autre citation tiré dans une de ses conférences : *« Faire d'un enfant un homme, c'est à la fois former son corps, son âme et son esprit . Si vous ne développez que le corps, vous ferez un magnifique animal,* c'est l'élevage et non l'éducation. *Si vous ne vous occupez que de meubler uniquement le cerveau, vous risquez de produire un esprit faut ou dangereux ...* Une éducation vraiment réelle doit s'adresser à la fois à l'âme, à l'esprit et au corps.

La rencontre du scoutisme avec les Saintes Ecritures fait jaillir une spiritualité ou une vie spirituelle chrétienne qui est pratique et non théorique. Avec leurs bonnes actions, le scoutisme permet aux jeunes scouts d'être des meilleurs chrétiens et l'Eglise permet aux scouts d'être des meilleurs scouts car leurs actions sont bien orientées (la foi et les ouvres).

Il y a donc une harmonie entre la pédagogie du scoutisme et la spiritualité (L'Evangile). En pratiquant le scoutisme, les jeunes sont conduits vers une vie chrétienne authentique plus profonde et plus rayonnante. L'éducation scoute propose aux jeunes un certain style d'imitation du Christ par la façon de vivre : cheminer sur les routes, dormir à la belle étoile, planter sa tente, faire cuir son repas, rendre service, se retrouver autour du feu de camp, relire sa journée ou son activité, proclamer la Bonne nouvelle du royaume .... Dans tous ceux-là, le Christ y est présent.

La pédagogie même du scoutisme conduit à une certaine simplicité, une manière de vivre, une joyeuse pauvreté, rencontrer Dieu dans la contemplation de la création, dans la beauté du travail fait de ses mains, dans l'entraide de la vie d'équipes... En un mot, le scoutisme est une école pour trouver et vivre Dieu. *« Toute activité scoute est un lieu où Dieu se révèle à nous »*. BP

2. La vie spirituelle d'un scout et son importance

En partant de ces deux citations de Baden Powell fondateur du mouvement scout :
« Un homme n'est pas grand-chose s'il ne croit pas en Dieu et n'obéit pas à ses lois»

Tout scout doit être un croyant (chrétien fidèle et fervent) : Qui est né de l'Esprit et qui vit par l'Esprit / Qui est né de Dieu et qui vit pour Dieu. Dieu ou sa Sainte Parole doit être le fondement de la vie de chaque scout (Exemple de deux maisons, l'une construite sur le sable (un insensé) et l'autre construite sur le roc (un intelligent).

a. L'importance de la vie spirituelle d'un scout :

La vie spirituelle qui se vit par nos scouts a de l'importance dans leur vie, et aussi pour la bonne marche du mouvement scout. Examinons ensemble ces quelques éléments :

- Le jeune scout développe sa relation avec Dieu qu'il s'est engagé à servir lors de sa promesse.
- Bâtir sa vie scoute sur les principes de base qui sont même les « Trois piliers » du scoutisme (Devoirs envers Dieu, devoirs envers le prochain et devoirs envers soi-même).
- Il découvre la réalité spirituelle qui donne sens à la vie (Projet de bonheur et non de malheur).
- Aide le jeune scout à proclamer les valeurs scoutes qui sont dans la loi et la promesse.
- Les jeunes scouts développent leur dimension spirituelle qui est le fondement de l'éducation scoute.
- Amène nos scouts à vivre l'esprit scout et favorise même l'unité.
- Rends les jeunes actifs dans la vie de l'Eglise.

b. L'encadreur spirituel et son rôle :

L'encadreur spirituel, c'est l'animateur ou encadreur spirituel des scouts. Tout groupe scout doit voir des encadreurs spirituels. Les chefs sont responsables numéro un et surtout par l'exemple, de l'éducation spirituelle de leurs scouts. « Un chef scout qui ne peut vivre les exigences de la foi de l'Eglise devra avoir le courage de déposer sa démission ».

c. Le rôle de l'éducateur spirituel :

Quelques-unes de tâches de l'encadreur spirituel

- Il accompagne spirituellement ses scouts. Il doit les amener à connaitre Dieu et vivre selon la volonté de Dieu (Sa Parole).
- Il prépare et supervise les activités spirituelles du groupe ou branche.
- Il prépare et supervise les cérémonies d'engagement (promesse, investitures, montées, ...).
- Il procure aux scouts de sa branche, par des enseignements, la force dont ils ont besoin pour rester fidèles à leur promesse et à vivre la loi scoute.
- Il fait le lien entre les scouts et le la paroisse.

XIII. VOICI UN EXEMPLE DE LA MISSION DU SCOUTISME ET DE LA CBCA

1) Explication de termes mission et vision

En petit mot :

- **Mission** : C'est le but fondamental de la CBCA ou du scoutisme, la raison de son existence, ou sa raison d'être.
- **Vision** : C'est l'aspiration ou les rêves de la CBCA ou du scoutisme.

Donc, Où la CBCA ou le scoutisme veut aller.

2) Vision et mission de la CBCA et du scoutisme

Faisons un parallélisme entre la vision, la mission de la CBCA et du scoutisme.

- Il est clair que la vision est la même, donc que ça soit la CBCA ou le scoutisme, par l'éducation (à travers la Parole de Dieu, les actions, les valeurs …) avoir des personnes transformées capables d'apporter un changement positif au sein de la communauté.
- Concernant la mission, il est remarquable que la mission du scoutisme est inclus dan la mission de la CBCA, car

Les valeurs énoncées dans la promesse et la loi scoute que le scoutisme utilise dans son éducation proviennent de l'Évangile qui doit libérer l'homme dans non intégralité et le promouvoir pour son épanouissement.

a) Vision

Vision CBCA 2015 - 2024	Vision scoutisme 2023
Transformés pour le changement, par la Parole et l'Action	D'ici 2023, le scoutisme sera le principal mouvement éducatif pour les jeunes dans le monde, permettant à 100 millions de jeunes de devenir des citoyens actifs capables d'apporter un changement positif au sein de leur communauté à partir des valeurs partagées.

b) Mission

Mission de la CBCA	Mission du scoutisme
Prêcher l'Évangile de Jésus Christ pour le salut de tout l'homme et de tout homme, c'est-à-dire sa libération et sa promotion sur le plan spirituel, physique, matériel, social et intellectuel	En partant de valeurs énoncées dans la Promesse et la Loi scoute, de contribuer à l'éducation des jeunes afin de participer à la construction d'un monde meilleur peuplé de personnes épanouies, prêtes à jouer un rôle constructif dans la société.

En conclusion, nous avons donc une grande mission.

Question posée dans une formation des aumôniers scouts de la CBCA à Buturande : Qu'est-ce que nous pouvons faire en tant que scouts de la CBCA pour accomplir notre mission et vision ? Donner les comportements observables en carrefour.

Réponses :

Groupe 1 :

- ✓ Avoir la Bible tous
- ✓ Nous devons participer régulièrement aux différents cultes organisés par l'Eglise
- ✓ Nous devons être baptisés
- ✓ Nous devons être modèles à suivre
- ✓ Nous devons faire des animations spirituelles dans la communauté
- ✓ Nous devons montrer que nous sommes des éclaireurs

Groupe 2 :

- ✓ Être courageux
- ✓ Sensibiliser les jeunes
- ✓ Être modèle à imiter

Groupe 3 :

- ✓ Nous devons être transformés en parole de Dieu
- ✓ Nous devons être modèles, être différents aux autres groupes
- ✓ Nous devons respecter notre engagement scout en fin que nous soyons imités par les croyants.

Groupe 4 :

- ✓ Faire des activités spirituelles dans nos groupes
- ✓ Propager la parole de Dieu
- ✓ Faire participer les jeunes la parole de Dieu
- ✓ Montrer la promotion des jeunes sur le plan spirituel, physique, matériel, social et intellectuel.

XIV. DESCRIPTION DES POSTES *DANS L'US-CBCA*

Sans aller à la contre de ce que la FESCO stipule, cette description, poste par poste, se présente de la façon suivante :

Echelon	**Local**
Titre du poste	**Chef de groupe**
Fonction principale	Il est le responsable du groupe et le garant de la qualité et de la bonne marche des activités.
Attributions	• Veiller au respect des Principes Fondamentaux du Scoutisme et des textes légaux qui régissent la FESCO-asbl. • Veiller à la mise en application du programme des jeunes dans les unités et promouvoir la formation des chefs. • Convoquer et présider les réunions du Conseil de groupe. • Représenter le groupe aux Assemblées de district et veiller au respect des résolutions et recommandations. • Représenter et engager le groupe auprès des tiers. • Transmettre trimestriellement le rapport d'activité du groupe au Commissaire de district. • Signer toutes les correspondances du groupe. • Gérer les ressources financières et matérielles du groupe. • Pouvoir déléguer tout ou partie de son pouvoir à un autre membre du groupe. • Exécuter toute autre tâche lui reconnue par les statuts.
Profil idéal	Age minimum 30 ans. Etre membre effectif du groupe et en règle de cotisation. Avoir une expérience personnelle et vécue de la méthode scoute par un service de plusieurs années comme chef d'unité. Avoir suivi la formation des administrateurs ou la suivre aussitôt que possible. Etre capable d'entretenir de bonnes relations avec les autres. Etre disponible pour se former et former ses collaborateurs. Connaissance en administration et compétence en gestion des ressources adultes. Etre rassembleur.
Mode de	Elu par l'Assemblée générale de groupe et investi par le Commissaire de district.

désignation	
Durée du mandat	3 ans renouvelables une fois
Organe à qui il rend Compte	Assemblée de groupe
Adultes sous sa responsabilité	Tous les membres du Conseil de Groupe

Echelon	Local
Titre du poste	**Chef de groupe assistant**
Fonction principale	Assiste le Chef de groupe dans l'exercice de ses fonctions et le remplace en cas d'empêchement.
Attributions	• Exercer toutes les tâches dévolues au Chef de groupe en cas d'empêchement de ce dernier, à l'exception de celles ayant trait: o à la prise des décisions ; o à la nomination des cadres ; o aux sanctions ; o à l'engagement du Groupe auprès des partenaires ; • Exécuter toute autre tâche lui reconnue par les statuts.
Profil idéal	Age minimum 28 ans ; Etre membre effectif du groupe et en règle de cotisation ; Avoir exercé les fonctions de chef d'unité pendant au moins 3 ans ; Etre apte à communiquer avec les autres responsables adultes du groupe ; Etre disposé à participer aux activités de formation ; Compétences en administration et en gestion des ressources adultes.
Mode de désignation	Proposer par le Chef de groupe et investi par le Commissaire de district.
Durée du mandat	3 ans renouvelables une fois
Personne à qui il rend compte	Chef de groupe
Adultes sous sa responsabilité	Les membres du Conseil de groupe en l'absence du chef de groupe

Echelon	Local
Titre du poste	**Chef d'unité**
Fonction principale	C'est le premier responsable de la branche. Principal organisateur d'activités et accompagnateur des jeunes dans leur progression personnelle.
Attributions	• Veiller au recrutement, à l'accueil et à l'intégration des jeunes dans la branche. • Appliquer le programme des jeunes de la FESCO-asbl selon la méthode qui s'applique à la branche. • Fixer les objectifs de progression des jeunes et en discuter avec ses assistants.

	• Planifier, réaliser et évaluer les activités de la branche avec la participation des jeunes en fonction des objectifs fixés. • Superviser la réalisation des projets de l'unité et des activités génératrices des revenus. • Répartir judicieusement les tâches à ses assistants et veiller à leur formation. • Assurer la bonne gestion financière et matérielle de la branche. • Assurer la liaison entre son unité et les autres unités du groupe. • Agir comme porte-parole de l'unité au Conseil de groupe. • Veiller à la sécurité des jeunes au cours des activités. • Entretenir des relations interpersonnelles de qualité avec d'autres responsables des jeunes, notamment les parents et les enseignants en vue de contribuer à leur éducation intégrale. • Pouvoir déléguer tout ou partie de son pouvoir à un assistant. • Exécuter toute autre tâche lui reconnue par les statuts.
Profil idéal	Age minimum 28 ans. Etre chef d'unité breveté (badge de bois ou training). Disponibilité pour se former et former ses assistants. Sens de responsabilité. Amour des jeunes et souplesse. Esprit d'initiative et de créativité. Compréhension de la méthode scoute et de la branche. Compréhension du programme national de la branche. Capacité de travail en équipe. Compétence en gestion des ressources financières et matérielles.
Mode de désignation	Proposer par le chef de groupe et approuvé par le Conseil de groupe.
Durée du mandat	Sans mandat
Personne à qui il rend compte.	Chef de groupe
Adultes sous la responsabilité	Assistants de son unité

Echelon	Local
Titre du poste	**Assistant d'unité**
Fonction principale	Accompagner le chef d'unité et l'assister dans l'exercice de ses fonctions.
Attributions	• Exercer les tâches lui assignées par le Conseil d'unité. • Exercer les tâches dévolues au chef d'unité en cas d'absence, à l'exception de celles ayants trait à la prise de décisions, aux nominations et sanctions, à l'engagement de l'unité et à la direction des cérémonies importantes.
	Age minimum 26 ans. Avoir le niveau training. Etre disponible pour se former.

Profil idéal	Amour des jeunes. Compréhension de la méthode de la branche. Compréhension du programme national de la branche.
Mode de désignation	Proposé par le chef d'unité au Conseil de groupe
Durée du mandat	Sans mandat
Personne à qui il rend compte	Chef d'unité
Adultes sous sa responsabilité	-

Echelon	**Local**
Titre du poste	**Aumônier de groupe**
Fonction principale	Responsable de l'éducation morale et spirituelle des membres du groupe.
Attributions	• Animer les programmes d'éducation morale et spirituelle conformément au programme national des jeunes et à la méthode scoute. • Consolider les liens entre le groupe et l'église locale d'obédience. • Cultiver le climat d'harmonie et de bonne entente entre tous les membres du groupe • Exécuter toute autre tâche lui reconnue par les statuts de la FESCO-asbl.
Profil idéal	Etre homme de Dieu Connaissance du scoutisme et compréhension de la méthode scoute. Disponibilité pour assumer la fonction. S'interdire de dispenser des enseignements à l'encontre de l'organisation et du fonctionnement du scoutisme.
Mode de désignation	Proposé par le conseil de groupe et autorisé par son église.
Durée du mandat	Sans mandat

Echelon	Poste
Titre du poste	**Chargé des Relations publiques**
Fonction principale	Il est le correspondant officiel dans les rapports entre la coordination et d'autres partenaires.
Attributions	• Créer et entretenir des relations interpersonnelles de qualité avec les autorités locales ainsi que les autres associations des jeunes poursuivant les mêmes buts. • Rechercher les partenaires locaux et leur faire connaître l'action scoute en vue d'obtenir d'eux le soutien moral, financier et matériel. • Organiser le service de protocole lors des manifestations scoutes. • Gérer les problèmes sociaux des membres de l'Equipe et résoudre pacifiquement les conflits. • Présenter à chaque réunion ordinaire de l'Equipe un rapport sur l'état de lieu de la coordination avec les institutions partenaires. • Exécuter toute autre tâche lui reconnue par l'Equipe de la coordination.
Profil idéal	Etre membre effectif de la coordination et en règle de cotisation. Intégrité morale irréprochable Bonne aisance du français pour ses contacts avec les tiers Aptitude aux relations publiques Savoir communiquer efficacement Stabilité dans la vie professionnelle.

Echelon	Poste
Titre du poste	**Chargé des Finances**
Fonction principale	Responsable de la gestion des ressources financières .
Attributions	• Elaborer les prévisions budgétaires et proposer les moyens des recettes. • Initier des activités génératrices des revenus. • Rechercher des fonds destinés au fonctionnement de la coordination ainsi qu'à la réalisation des activités et projets. • Tenir à jour les documents comptables. • Percevoir les cotisations des membres de l'Equipe et celles provenant des cotisations annuelles de tous les groupes de la coordination. • Vendre les produits scouts en collaboration avec le chargé de l'intendance. • Signer conjointement avec le Coordonnateur tout document relatif au mouvement de fonds. • Présenter à chaque réunion ordinaire de l'Equipe un rapport sur l'état de lieu des finances. • Exécuter toute autre tâche lui recommander par l'Equipe.
Profil idéal	Etre membre effectif de la coordination et en règle de cotisation. Connaissance en informatique. Connaissance en gestion financière.

Echelon	Poste
Titre du poste	**Chargé à la Gestion des Ressources Adultes**

Fonction principale	Responsable de la gestion et de la formation des responsables
Attributions	• Assurer l'application de la Politique Nationale de Gestion des Ressources Adultes. • Planifier, organiser, diriger et sanctionner les stages préparatoires des chefs d'unité et des administrateurs. • Transmettre les besoins de formation des chefs scouts aux paliers supérieurs. • Participer aux réunions des équipes au Programme et au DECOM pour connaître les besoins de formation des chefs d'unité. • Règlementer l'uniforme et le port des insignes des responsables adultes. • Présenter à chaque réunion ordinaire de l'Equipe un rapport sur l'état de lieu des ressources adultes. • Exécuter toute autre tâche lui reconnue par la coordination.
Profil idéal	Etre membre effectif de la coordination et en règle de cotisation. Etre formateur ou formateur adjoint nommé et investi. Compétence en gestion des ressources adultes. Compétence de communiquer verbalement et par écrit de façon efficace.

Echelon	**Poste**
Titre du poste	**Chargé au Programme des jeunes**
Fonction principale	Il est responsable de la gestion de tous les programmes d'activité des jeunes.
Attributions	• Veiller à la diffusion, à la compréhension et à l'application du Programme national. • Proposer au niveau de la coordination, avec la participation des jeunes, des programmes d'activité en tenant compte de la mondialisation. • Organiser des formations et recyclages des chefs de groupes, chefs d'unité, des chefs de patrouilles et des seconds de patrouilles. • Organiser au niveau de la coordination des challenges inter unités en vue d'évaluer le niveau de progression des jeunes. • Règlementer le port d'uniforme et des insignes des jeunes conformément au Programme national. • Assurer le suivi et l'évaluation des actions du programme au niveau des groupes. • Présider les réunions de l'équipe au programme auxquelles prennent part les chefs techniques aux branches. Y associer les chargés à la GRA et au DECOM. • Organiser avec le concours des ONG locales, la formation des pairs éducateurs en matière du VIH / SIDA, du paludisme et de la tuberculose en vue d'intégrer dans les programmes des réunions la lutte contre ces pandémies en milieu des jeunes. • Présenter à chaque réunion ordinaire de l'Equipe un rapport d'activité. • Exécuter toute autre tâche lui reconnue par la coordination.
	Etre membre et en règle de cotisation. Avoir une expérience personnelle et vécue de la

Profil idéal	méthode scoute. Connaissance des méthodes de 4 branches Amour des jeunes. Esprit d'initiative et de créativité. Compréhension du Programme national des jeunes Niveau de formation équivalent ou supérieur au training. Savoir communiquer efficacement. Bon élément pour travail d'équipe.
Echelon	**Poste**
Titre du poste	**Chargé au Développement Communautaire**
Fonction principale	Il est responsable de tous les projets scouts au niveau de la coordination.
Attributions	• Veiller à l'application au niveau de la coordination de la Politique nationale d'éducation des jeunes en matière de développement. • Mettre en œuvre les programmes d'éducation des jeunes en matière d'alphabétisation, de santé sexuelle et de reproduction ainsi que d'insertion socio professionnelle des enfants en situation difficile. • Présider les réunions de l'équipe au DECOM auxquelles prennent part les chefs techniques aux branches ainsi que les personnes ressources en matière de développement. Y associer les chefs à la GRA et au Programme. • Ordonner et encourager la participation des responsables des jeunes à des formations spécialisées en matière de développement. • Constituer une banque des projets de ce que les scouts de tout âge peuvent entreprendre au niveau de la coordination. • Présenter à chaque réunion ordinaire de l'Equipe un rapport d'activité. . • Exécuter toute autre tâche lui recommandée par l'Equipe.
Profil idéal	Etre membre en règle de cotisation. Bon élément pour un travail d'équipe. Esprit d'initiative et de créativité. Connaissance en gestion des projets. Amour des jeunes.

Echelon	**Poste**
Titre du poste	**Chefs techniques aux branches**
Fonction principale	Ce sont les principaux collaborateurs du Chargé au programme, chacun dans le domaine de son unité.
Attributions	• Assister le Chargé au programme. • Veiller à l'application du programme national de leurs branches respectives. • Vulgariser les aides de formation destinées aux chefs d'unité sur leurs branches.
	Etre membre en règle de cotisation. Niveau training ou chef d'unité wood-badge. Compréhension de la méthode scoute et amour des jeunes Compréhension du programme national de l'unité

Profil idéal	Bon élément pour un travail d'équipe. Savoir communiquer. Travail de qualité satisfaisant.

Echelon	Poste
Titre du poste	**Secrétaire**
Fonction principale	Il est le responsable de l'administration de la coordination
Attributions	• Assurer la tenue des correspondances, compte rendus, rapports et procès-verbaux de la coordination. • Préparer les réunions de l'Equipe , expédier les invitations et l'ordre du jour aux membres. • Gérer les statistiques des effectifs de la coordination. • Exécuter toute autre tâche lui reconnue
Profil idéal	Bonne discrétion dans le traitement des dossiers. Connaissance en informatique et en administration Effectue ponctuellement son travail avec la bonne volonté désirable

Echelon	Poste
Titre du poste	**Intendant**
Fonction principale	Il est le responsable du patrimoine du district
Attributions	• Inventorier et gérer les ressources matérielles du district: meubles et immeubles, équipement... • Approvisionner la scouterie et vendre les produits en collaboration avec le chargé aux finances. • Présenter à chaque réunion de l'Equipe un rapport sur l'état de lieu de l'intendance. • Exécuter toute autre tâche lui reconnue par l'Equipe.

Echelon	Poste
Titre du poste	**Aumônier**
Fonction principale	Il est responsable de l'éducation morale et spirituelle des jeunes
Attributions	• Travailler en étroite collaboration avec le chargé au programme avec qui il anime des programmes d'éducation morale et spirituelle. • Consolider les liens entre les scouts et l'église pour une meilleure collaboration • Présenter à chaque réunion ordinaire de l'Equipe un rapport sur la situation de l'encadrement spirituel des jeunes. • Exécuter toute autre tâche lui recommandé par l'Equipe
Echelon	**Communauté**
Titre du poste	**Conseiller juridique provincial**
Fonction principale	Défenseur judiciaire de la coordination
Attributions	• Agir en justice au nom et pour le compte de la coordination pour tous les cas concernant son fonctionnement et ses structures au niveau de la communauté. • Intervenir en cas de différend dans l'interprétation des textes légaux.
Profil idéal	Etre défenseur judiciaire ou avocat

Echelon	Communauté
Titre du poste	**Chargé à la Communication et Expansion du Mouvement**

Fonction principale	Promouvoir l'action scoute par l'information, les communications et les médias pour accroître les effectifs des membres.
Attributions	• Animer les émissions scoutes radiotélévisées dans les chaînes de Radio et TV pour faire parvenir le scoutisme dans tous les coins de la province. • Favoriser l'intégration harmonieuse des jeunes aux Nouvelles Technologies de l'Information et de la Communication. • Favoriser l'expansion du Mouvement par la création de nouveaux groupes scouts sur toute l'étendue de la CBCA. • Produire et diffuser les outils de communication périodique de l'Association. • Vendre l'image de marque du Scoutisme I. • Assumer la vulgarisation des textes légaux, résolutions et recommandations des assemblées US CBCA, Conférences Nationale et Provinciale. • Présenter à chaque réunion ordinaire de l'Equipe le rapport de ses activités. • Exécuter toute autre tâche lui recommandée par l'Equipe.
Profil idéal	Etre membre en règle de cotisation. Esprit d'initiative et de créativité. Bonne maîtrise du français. Connaissance en matière d'informatique. Maîtrise de Nouvelles Technologies de l'Information et de Communication.

Echelon	**Communauté**
Titre du poste	**Chargé aux Relations publiques**
Fonction principale	Il est le correspondant officiel dans les rapports entre la coordination et d'autres partenaires.
Attributions	• Créer et entretenir des relations interpersonnelles de qualité avec les autorités politiques, religieuses, ... ainsi que d'autres associations des jeunes poursuivant les mêmes objectifs. • Rechercher des partenaires à tous les niveaux et leur faire connaître l'action scoute en vue d'obtenir d'eux le soutien moral, financier et matériel. • Organiser le protocole lors des manifestations scoutes. • Gérer les problèmes sociaux des membres de l'Equipe et résoudre les conflits. • Présenter à chaque réunion ordinaire de l'Equipe un rapport sur l'état de lieu de la coordination avec les partenaires. • Exécuter toute autre fonction lui recommandée par l'Equipe.
Profil idéal	Etre membre qui est en règle de cotisation. Intégrité morale irréprochable. Bonne aisance du français pour ses contacts avec les tiers. Aptitudes aux relations publiques. Savoir communiquer efficacement. Stabilité dans la vie privée et professionnelle.

Echelon	**Communautaire**

Titre du poste	**Chargé aux Finances**
Fonction principale	Responsable de la gestion de toutes les ressources financières.
Attributions	• Elaborer les prévisions budgétaires et proposer les moyens des recettes. • Initier des activités génératrices des revenus. • Rechercher des fonds destinés au fonctionnement ainsi qu'à la réalisation des activités et projets. • Tenir à jour les documents comptables. • Percevoir les cotisations des membres de1'Equipe et celles provenant des cotisations annuelles de tous les scouts. • Vendre les produits scouts en collaboration avec le Chargé de l'intendance. • Signer conjointement avec le Coordonnateur tout document relatif au mouvement de fonds. • Présenter à chaque réunion ordinaire de l'Equipe provinciale un rapport sur l'état de lieu des finances. • Exécuter toute autre tâche lui recommandé par l'Equipe.

Echelon	**Communauté**
Titre du poste	**Chargé de la gestion des ressources adultes**
Fonction principale	Responsable de la gestion et de la formation, recyclages, ... de toutes les ressources adultes
Attribution	• Assurer l'application de la Politique Nationale de Gestion des Ressources Adultes. • Planifier, organiser, diriger et sanctionner les formations, recyclages, ... des chefs d'unité et des administrateurs. • Sensibiliser les scouts aux différences formations et stages avancés (camp Ecole, camp training, Wood badge, formateur adjoint, ...) • Renseigner la coordination sur les statistiques des chefs scouts candidats aux stages avancés. • Coordonner les différentes formations et recyclages dans la communauté. • Assurer le suivi et l'évaluation des formations • Organiser des stages de recyclage des chefs d'unité pour leur remise à niveau. • Participer aux réunions des équipes au Programme et au DECOM pour connaître les besoins de formation des chefs d'unité. • Règlementer le port d'uniforme et des insignes des responsables adultes. • Présenter à chaque réunion ordinaire de l'Equipe un rapport sur l'état de lieu des ressources adultes. • Exécuter toute autre tâche lui recommandée par l'Equipe.
Profil idéal	Etre membre en règle de cotisation. Etre formateur ou formateur adjoint nommé et investi. Disponibilité pour se recycler. Compétence en gestion des ressources adultes. Compétence de communiquer verbalement et par écrit. Connaissance de la Politique de la GRA. Bonne maîtrise du français pour mieux communiquer

	Maîtrise des techniques de communication. Stabilité dans la vie privée et professionnelle.

Echelon	Communauté
Titre du poste	**Chargé au Programme des jeunes.**
Fonction principale	Il est responsable de la gestion de tous les programmes d'activité des jeunesl.
Attributions	• Veiller à la diffusion, à la compréhension et à l'application du programme national des jeunes par l'organisation des séminaires. • Proposer avec la participation des jeunes, des programmes d'activité en tenant compte de la mondialisation. • Planifier et organiser des sessions de formation pour jeunes (camps écoles de chefs de patrouilles et seconds de patrouilles). • Organiser au niveau communautaire des rallyes inter unités en vue d'évaluer le niveau de progression des jeunes. • Règlementer le port d'uniforme et des insignes des jeunes conformément au programme national. • Assurer le suivi et l'évaluation des actions du programme au niveau des postes. • Présider les réunions de l'équipe provinciale au programme auxquelles prennent part les chefs techniques aux branches. Y associer les Chefs à la GRA et au DECOM. • Organiser avec le concours des ONG , la formation des pairs éducateurs en matière du VIH/SIDA, du paludisme et de la tuberculose en vue d'intégrer dans les programmes des réunions la lutte contre ces pandémies en milieu des jeunes. • Présenter à chaque réunion ordinaire de l'Equipe un rapport d'activité.. • Exécuter toute autre tâche lui recommandée par l'Equipe.
Profil idéal	Etre membre en règle de cotisation. Niveau de formation de formateur ou formateur adjoint souhaité. Bon élément pour un travail d'équipe. Maîtrise de la méthode scoute. Compréhension du programme national des jeunes Savoir communiquer efficacement. Compétence en techniques scoutes et d'animation. Bonne maîtrise du français. Stabilité dans la vie privée et professionnelle.
Echelon	**Communauté**
Titre du poste	**Chargé au Développement Communautaire**
Fonction principale	Il est responsable de tous les projets scouts de développement.
Attributions	• Assister le Chargé au programme. • Veiller à l'application de la politique d'éducation des jeunes en matière de développement. • Assurer la mise en œuvre des programmes d'éducation des jeunes définis par l'Equipe en matière d'alphabétisation, de santé sexuelle et de reproduction ainsi que d'insertion socio professionnelle des enfants en situation difficile.

	• Présider les réunions de l'équipe au DECOM auxquelles prennent part les chefs techniques aux branches ainsi que les personnes ressources en matière de développement. Y associer les Commissaires à la GRA et au Programme. • Ordonner et encourager la participation des responsables des jeunes à des formations spécialisées en matière de développement. • Constituer une banque des projets de ce que les scouts de tout âge peuvent entreprendre.. • Présenter à chaque réunion ordinaire de l'Equipe un rapport d'activité. • Exécuter toute autre tâche lui recommandé par l'Equipe.
Profil idéal	Etre Membre en règle de cotisation. Bon élément pour un travail d'équipe. Esprit d'initiative et de créativité. Connaissance en matière de gestion des projets.

Echelon	**Communauté**
Titre du poste	**Chefs techniques aux branches**
Fonction principale	Ce sont les principaux collaborateurs du Chef au programme, chacun dans le domaine de son unité.
Attributions	• Assister le Chef au programme. • Veiller à l'application du programme national de leurs branches respectives. • Vulgariser les aides de formation destinées aux chefs d'unité sur leurs branches.
Profil idéal	Etre membre effectif en règle de cotisation. Compréhension de la méthode scoute et amour des jeunes. Compréhension du programme national de l'unité. Bon élément pour un travail d'équipe. Savoir communiquer. Travail de qualité satisfaisant.
Echelon	**Communauté**
Titre du poste	**Secrétaire**
Fonction principale	Il est le responsable de l'administration
Attributions	• Assurer la tenue des correspondances, compte rendus, rapports et procès-verbaux. • Préparer les réunions de l'Equipe, expédier les invitations et l'ordre du jour aux membres. • Gérer les statistiques des effectifs. • Présenter à chaque réunion ordinaire de l'Equipe un rapport sur la situation du secrétariat. • Exécuter toute autre tâche lui recommandé par l'Equipe.
Profil idéal	Etre membre effectif en règle de cotisation. Bonne discrétion dans le traitement des dossiers. Connaissance en informatique et en administration Effectue ponctuellement son travail avec la bonne volonté désirable

Echelon	Communauté
Titre du poste	**Secrétaire administratif**
Fonction principale	C'est le commis permanent du secrétariat de l'Association
Attributions	• Dactylographier les procès-verbaux, compte rendus et rapports de l'Equipe. • Conserver les archives. • Assurer la permanence au siège. • Assurer le classement des dossiers dans le bureau. • Exécuter toute autre fonction administrative lui reconnue par l'Equipe.
Profil idéal	Bonne discrétion dans le traitement des dossiers. Disponibilité pour assurer la permanence suivant horaire convenu.

Echelon	Communauté
Titre du poste	**Aumônier**
Fonction principale	Il est responsable de l'éducation morale et spirituelle des jeunes
Attributions	• Travailler en étroite collaboration avec le Chef au programme et de Ressources des adultes avec qui il anime des programmes d'éducation morale et spirituelle, les recyclages des aumôniers. • Consolider les liens entre les coordinations et groupes scouts et les postes et paroisses. • Préparer les programmes d'animations spirituelles, d'évangélisations, …. • Présenter à chaque réunion ordinaire de l'Equipe un rapport sur la situation de l'encadrement spirituel des jeunes. • Exécuter toute autre tâche leur reconnue par les Statuts.
Profil idéal	Etre homme de Dieu. Connaissance de la méthode scoute.

CONCLUSION

Par ce document, nous avons foi que certains qui ne connaissaient pas le scoutisme et surtout ce qu'il apprend viennent d'en être informé. Il est vrais que nous n'avons pas tout dit, mais nous avons tâché de présenté une synthèse de l'essentiel sur le scoutisme.

Soulignons donc que toute activité scoute doit avoir un moment consacré à l'animation spirituelle. Les jeunes doivent vivre Dieu dans leur vie de tout le jour et dans leurs unités ou branches. Une activité scoute sans un moment spirituel (temps spirituel) est considérée comme un corps sans vie, aussi une branche sans Dieu ou sans activité spirituelle et un corps sans âme. Voilà pourquoi l'éducation spirituelle est considérée comme la colonne vertébrale de l'éducation intégrale que donne le scoutisme.

Pour mieux comprendre la dimension spirituelle dans le scoutisme, nous voulons vous signifier que le scoutisme a un fondement biblique car tout ce qu'il apprend prend sa source dans la Bible. C'est ainsi que nous vous prions de lire : « Le scoutisme, service d'encadrement de la jeunesse dans l'Eglise : regard critique sur le scoutisme de la CBCA », un livre produit par l'Evangéliste Kombi Sethi Misiko (Mainate Paisible) qui s'est jalonné dans ce domaine de recherche(livre disponible dans différentes bibliothèques en Europe comme en Afrique).

Nous vous prions de juger le scoutisme après discernement car si tel n'est pas le cas vous risquez de le faire à tort et à travers. Le scoutisme étant un mouvement éducatif pour les jeunes se veut être modèle à imiter. C'est le cas du scoutisme de la CBCA qui fait de son mieux pour former ses jeunes en Parole, en Acte en suivant la vision et la mission du Département des Jeunes et des Enfants de la CBCA pour un changement efficace de « tout l'homme et de tout homme » donc son salut intégrale.

Ce document est réservé pour quiconque voudra l'utiliser, sans discrimination. Vos corrections, recommandations, encouragements, suggestions et financements sont les bienvenus pour nous permettre de produire des documents délicats pour le bien de nos jeunes et communautés ecclésiastiques.

TABLE DES MATIERES

Printed by Books on Demand GmbH, Norderstedt / Germany